물은 맨살로 흐른다

리토피아포에지 · 56
물은 맨살로 흐른다

인쇄 2017. 2. 23 발행 2017. 2. 28
지은이 최서연 펴낸이 정기옥
펴낸곳 리토피아
출판등록 2006. 6. 15. 제2006-12호
주소 22162 인천 남구 경인로 77
전화 032-883-5356 전송032-891-5356
홈페이지 www.litopia21.com 전자우편 litopia@hanmail.net

ISBN-978-89-6412-077-4 03810

값 9,000

이 도서의 국립중앙도서관 출판예정도서목록(CIP)은 서지정보유통지원시스템 홈페이지(http://seoji.nl.go.kr)와 국가자료공동목록시스템(http://www.nl.go.kr/kolisnet)에서 이용하실 수 있습니다. (CIP제어번호 : CIP2017004499)

최서연 시집

물은 맨살로 흐른다

문학과유토피아
LITERATURE & UTOPIA

시인의 말

봄꽃이 핀다
복수초, 얼레지, 그리고 …… 노루귀,
나도 그 곁에
햇살과 바람을 끌어앉고 동그랗게
앉는다

2017년 입춘에

최서연

차례

제1부 엽서

제2부 봄꽃

제3부 도돌이표

제4부 개똥참외

| 제1부 |

엽서

엉겅퀴

온몸 가시를 달고 살아도
엄살이나 비명 지르지 않아요
유서 같은 것은 더 더욱 쓰지 않아요
절벽이지만 날마다 비상해야 할
그리운 사람이
아직은 내게 있고
텅 비어있는
내 희망의 한가운데로
한 모금 햇빛을 물어다 주는 나비가 있으니까요
시간을 따라 흐르는 바람이 있어
보랏빛 꽃잎이 흔들리면
그대의 페이지를 넘기는 줄 알아주세요

먼지

날개는 없습니다
창틀에 턱 괴고 날겠다는 생각
그 골똘함으로
몸은 더께가 됩니다

내 몸 내 맘대로 할 수 없어
마른 냄새 따라
몸을 뒤척이며
묵은 숨을 몰아내기도 합니다

빗물에 밀리고
걸레에 눌려 살이 터지다
배밀이 하며
간신히 떠오르는 찰나

낮꽃 핀 햇살 사이에서 봅니다
나를 반짝이는
둥근,
갈매빛 세상을

꽃송이 몇 개가

꽃나무가 쪼그려 앉은
돌담 밑에
꽃송이 몇 개가 헌 신발처럼 뒹굴고 있다
코와 입이 찢어진 빨간 고무신짝 같다
나를 아는 듯
봄날의 소꿉놀이를 기억하냐며 빤히 쳐다본다
옹알이처럼 아련하고 애틋한 몸짓에
순간 나는 몸이 달아오르는 걸 느낀다*
검지를 입술에 물고 있는 것 같은
어쩌면 나의 체온이 맞을 것 같은 헌 신발에
꽃밥과 조약돌을 올려놓고
조막조막 늘어나는 설렘을 한 상 차린다

* 최하림의 「독신의 아침」에서 인용.

처서 며칠 지나

처서 며칠 지나 산책을 나서는데
풀여치 한 마리
뒤를 따라오며 우네
가을은
저토록 소리 내며 오는 걸까
아직은 더위가 귓밥에 붙었는데
소소한 갓난 숨결에
들리는 대로 귀가 순해지네
손가락 헤는 뭇생각이
도둑풀처럼 달라붙은 발걸음
천기 품은 무현금 따라
풀잎으로 돌아오네

뒷굽이고 싶다

떨어져 있는,
목련꽃잎은 닳아진 신발이네

막대자 눈금처럼 짧은 봄날
가을까지 다녀왔는지
목이 긴 가을꽃 냄새가 나네

나는 숨을 모으고
입맞춤 하듯 발을 넣으며
닳아서 바닥만 남은
꽃잎의 뒷굽이고 싶네

유리창

마음의 속적삼이
눅눅하고
주름이 깊어질 때
너를 본다

사각 벽 속에 사각 틀로 앉아
봄빛 비밀한 제비꽃 이야기라든가
먼 옛날 신神이 돌아온 듯
십자가로 하늘을 수평질하는 새라든가
때로는 숲에 귀를 열어주는 명지바람이나
비의 발자국,
빗방울을 생각하는데
속이 맑고 훤해서
이마에서 햇살이 튀어오르는 날엔
먼 우주의 봄까지 생각한다

속이 보이지 않는
먹통 앓는, 마음도 생각하는지

가끔

네 안에 내가 들어있다

은하銀河

사람도 은하다
3월 하순,
빛의 터널을 지나 다압*에 이르면
구름이 환생한 듯 길이 환하다
먼 우주의 은하가 내려앉은 것 같다
구불거리는 은하 띠 따라
은빛 비늘 번진 섬진강 은어 떼처럼
흘러가는 사람들을 보면
풀벌레 소리에 귀가 맑아지고
감자꽃 하얀, 여름밤의 은하가 흐른다
은하는 멀리 있는 것이 아니다
3월 하순
다압에서는 사람도 은하다

* 다압 : 전남 광양시 광양읍 다압면 매화마을.

고개

나 어릴 적
물과
바람은
뼈가 없는 줄 알았다

흐르고 굽이치면서
꽃과
그리고 다른 것들도 다 품을 수 있다고
바람개비를 돌렸다

빙빙 돌리며,
피고 지고 할 것들이
구부러지고
툭툭 꺾이는 줄 안 건

물자리
바람자리에
태양의 수레바퀴, 씀바귀 꽃자리가
우련한 후였다

바다 이야기

처음으로 시를 쓴 것은
밀린 숙제처럼 교지에 낼 글 한 편이었는데
쉬운 것이 짧은 시일 것 같아서였다
난 그때까지 이야기로만 바다를 들었다
바다를 본 적 없어 장콕토가 궁금했고
분꽃 피는 저녁이면
서재 속에서 소라껍질을 만지작거렸다
그렇게 막막하지만 상상으로 쓴 그리움이
바다에 닿았는지 페이지를 넘길 때마다 파도소리가 들렸다
파도 소리는 비밀한 바다를 넓혀가며
내 머리에서 출렁거렸다
배가 치달아 하늘로 오르는 수평선을 보던 날
짧은 것이 결코 쉬운 것이 아니듯
삶도 그리움도
가깝게 보이는 것이 더 멀다는 것을 알았다
막막함으로 쓴 시는, 나를
막다른 섬으로 몰아가지만

물꽃의 시퍼런 숨비소리로

내 가난한 바다 이야기는 오늘도 쓰이고 있다

번짐이다

먹물이 종이에 스며드는
발묵潑墨은
번짐이다

낯선 골목,
밥 끓는 냄새에
두레밥상이 생각나는 것도
번짐이다

하여,
내 나팔꽃 지는 저녁이
네 귀를 즐겁게 하는
나팔소리로 울려오고

강물이 흐르면서
더 푸르게 깊어지는 것처럼
네 봄이
청보리 물결치며 내 여름으로 익어가는
삶도 번짐이다

등

등이 가렵다
온통, 자맥질하지만
내 몸 그 어느 것도 닿을 수 없다
내 몸인데
내 몸이 닿지 못하고
한 뼘도 되지 않는 내 몸 뒤편인데
가장 멀고 깊다
앞만 보다
가려워 허공에 비벼대니
낯선 숲이 울렁이는 것을 알았다
웅크린 풀잎들이 울먹거려
비로소 알게 된
가렵지 않았으면 정녕 몰랐을 등
입도 팔도 없는
눈먼, 내 몸의 빈대편에
햇살과 이슬과 바람이 머물다가는
성체聖體의 비밀이 있었음을

엽서

묵은 먼지를 열자
군대 간 오빠가 보내 온 몇 줄의 엽서 한 장
안부가 있고
목이 긴 가을꽃 이야기와 풀벌레 소리가 있고
그리움이 뒤안의 감나무처럼 애틋하다
그 즈음 그녀는 단발머리 여고생이었고
헤르만 헷세의 데미안 아브락사스 신을 알고
바짓단이 늘 젖어있었다
펜으로 정성스럽게 쓰여진 엽서에
저녁이면 어김없이 피는 분꽃의 까만 씨처럼
영롱한 별들이 적혀있다
네게서 마른냄새가 나지 않으려면 시를 써 보려므나
왠지 온몸이 아득해지면서 뜨겁기는 하였으나
가슴이 마른다는 말을 이해 못하였고
그저 화상을 입은 듯 되묻지 않았다
아직도 글씨는 생피가 돌 듯 먹빛을 머금고 있는데
그녀는 자꾸만 어두워져서 읽지를 못하고
손바닥 만한 엽서 한 장에
귀뚜라미 울음 하나 쓰지 못 하는 풋가을에 머물러 있다

몇 백 근의 그늘 속에서

부도난 건물
늑골 시린 콘크리트 벽에
목울대와 발등이 맞닿은 식물 하나를 본다
흙살 없이
둥글게 허공을 품고 기어가는 뿌리는
손끝 닿으면
금방이라도 손등을 기어오를 것만 같은 자벌레 같다
햇살과 바람이 흰 바람벽처럼 말라붙은
몇 백 근의 그늘 속에서
등뼈 한 번 곧추세우려고
포복匍匐한 적막을 기어가는 생生에
날아갈 듯 가벼워지는 나는,
대문처럼 가슴이 벌어지는 경이로움에서
무심無心으로 빨려든다
피어도 핀 줄 모르는
부도난 건물
늑골 시린 콘크리트 벽에서

배꼽

5천4백 년 전 나일강
게벨레인 사막 모래에 묻혀있던 미라가
대영박물관에 누워있다
실핏줄 오그라든 주먹만 한 몸뚱이에
성냥개비 같은 두 팔과 다리는
자궁 속을 출렁거리는 아이였다
주먹을 빠는
빨긋한 그를 보노라니
죽음은,
어머니의 생명을 기억하고 있구나
라고
눈빛이 떨리는 순간
내 몸 어딘가에
푸른 탯줄이 회오리바람 불러
모래알에 묻힌
미라가 빤히 눈을 뜨고 있다

물은 맨살로 흐른다

맨살로 흘러가는 물을 본다

돌부리에 부딪혀도
물방개가 장구치고 풀뿌리가 발을 걸어
온몸 상처투성이어도

가까운 곳이든
먼 곳이든
어디로 가든
말이 없다

흘러온 모든 것을 안고 있으면서
또한 내려놓은
그리고
나뭇잎 하나 걸어놓지 않는
묵묵한 영혼을 보며

하루의 지친 발을 담근다

처음부터 직선은 없었으리라

지구는 둥글다
둥글다는 건 곡선이다
둥근 곡선엔 곡선 안에 곡선 그 곡선 안에 곡선이 있다
둥근 얼굴에 그 안의 것들이 곡선이듯
빳빳한 등뼈가 구부러지는 걸 보면
나도 곡선으로 태어났다
노란 유채꽃에 튀어오르는 빗방울처럼
곡선으로 살라는 말이리라
가슴에 철심을 넣고 살아온 나는
상처의 눈물도 곡선이란 것을
처음부터 직선은 없었으리라는 것을
별자리, 장미꽃잎, 얼룩말을 들여다보면
있어야 할 자리에 곡선으로 있기에
아름답다는 말을 건넬 수 있는 게 아니겠는가

| 제2부 |

봄꽃

감자를 삶다가

물이 바짝 졸은
냄비에서
감자 몇 알이 뜨거워
타닥 타닥거리며
살이 터진다.
뜨거워지지 않고 익는 것이 있으랴마는
발 벗은 뙤약볕에서
감자알 낳는 우리 어머니
평생에 타닥타닥 소리
한 번 내지 못했는데
어떤 삶을 익히려고
아! 저리도
발뒤꿈치가 그물이 되었을까

아버지 · 1

동짓달 시퍼렇게 눈뜨면
문지방 앞에
귀 틀린 세숫대 물을 놓고
번데기 같은 발을 담그셨다

물이 꿀, 럭, 이는지
발이 꿀, 럭, 이는지 들여다보는데
근질거리는 발뒤꿈치에서
물크러진 껍질을 벗겨내는 것이 있었다

술지게미,
콩 비지 같기도 한 물컹한 것은
나비가 되고 싶은
맨발의 숱한 날갯짓이었을까

아버지 나이가 된 봄날
날개 가장자리가 몇 군데 파인 네발나비*가
냉이꽃 제비꽃을 넘나들며

내 시린 발을 녹이고 있나

* '날개 가장자리가 몇 군데 파인 네발나비' : 황동규의 「비문飛蚊」에서 인용.

내 고향

덕쇠 아저씨 발소리가 밀어낸 새벽이면
콩, 옥수수, 대를 자르는
작두소리가 싹둑싹둑 쏙독새 같다
좁쌀꽃이 핀 눈을 비비고 나가면
새는 보이지 않고 허공을 찍고 날아간 구름만 웅웅거렸다
큰 가마솥에선 소여물이 뭉게구름처럼 끓었다
한때 푸른 꿈을 가졌던 나무를
불꽃으로 다시 피는 아궁이를 혼 빠지게 바라보는 사이
한 평짜리 부엌에서 뿜는 구수한 내음은
집안 곳곳을 둘러 마을을 맴돌았다
지글지글 끓던 소리가 귀에서 점점 사라지면
덕쇠 아저씨는 솥뚜껑을 열어
여름풀처럼 오르는 김을 헤치고 여물을 구유통에 부었다
나는 토란 물방울처럼 또르르 구유통 앞으로 가
소에게 옹알옹알 옹알이하고
외양간 밖에서 콩과 옥수수를 골라먹었다
귀한 짐승밥 빼어먹었다고 놀려대던, 덕쇠 아저씨는
내 옆에 막걸리 한 사발 놓고 밥을 먹었고

노을 지고 온 지게엔

다래, 머루, 돌배,

망태기에서 색깔대로 익어가고 있었다

나침반

북극을 가리키는 나침반은
무엇이 두려워
항상
가는 바늘 끝을 떨고 있을까?

어릴 적 연필그림 같은 지도 위에
나침반을 처음 만났을 때
떨고 있는 나침반은
가슴마저 멈춘 줄 몰랐다

세월이 흐르고
세상의 때로 찌들어 갈 무렵
가는 바늘의
불안전한 전율은 흔들리는 나이테였다

나침반의 떨림을 알 수 있는 나이 쯤
바늘 끝을 비껴선 동과 서를 바라보는
너를 향한 떨림으로
나의 모자람을 채우고 싶다

남편은 삼식三食이다

쌀가마니 쌓아올린 듯한
40년 직장을 거두어들인
남편은 삼식三食이다
요새 삼식이가 어디 있냐고?
그릇 부딪히는 소리가
두드러기처럼 번져나가는 날에도
콩밥에 콩자반으로 뜨는 숟가락은
솜사탕 얹어 놓은 것처럼 날아갈 듯 달콤하다
그 흔한 삼계탕을 끓이거나
사과와 당근 같은 과일주스를 갈아 본지 오래지만
삼시세끼가 최고라며
온몸이 불어터진 누룽지 앞에서도
밥상에 걸린 입 꼬리엔
살구꽃 볼우물 벙그러진다

울고 싶은 참에

몇 해 전
메니에르 귓병으로
소리가, 물안개 속으로 스며들더니
귀가 어두워진 그녀

아침에 먹다 남은
고춧가루 겉도는 생선국을
한 술 뜨다 손등으로 밀어낸다

냄비뚜껑 들썩거리며
빨래며
쓰레기통을
창문 깊숙이 들어온 햇살로 헹구던 이밥 같은 일상
이젠, 실낱 한 줄 없는 비릿한 고립감이
도깨비풀처럼 달라붙는다

구절초가 시들고
흰나비도 그 시듦 위에 앉은 오후

가을 연못 같은 그녀의 눈에
벌레 한 마리 들어간다

옷걸이

벽에 남자가 서있다

무슨 말을 하려는가
입은 열어보지만
정작,
아무 말 못한다

바람의 잔뼈 같은 두 어깨엔
악착같이 지고 내려놓았을
날
통째로 짊어지고

먼지 쌓인 사랑도
먼지 쌓일 그리운 자리도
이제는
그림자마저 잃은 박제

한밤중

구겨진 셔츠 입은 채
앉지도 눕지도 못하는
보초병 같은 한 남자

결혼기념일에

오늘이 결혼기념일인 희끗한 부부가
햇살이 미끄럼 타는 놀이터에
시소처럼 앉아있다
반지, 넥타이 선물 준다고
축복이 더 쌓아지는 것이 아니라며
바구니 점심으로 평일처럼 보낸다
스무 번째 기념은
유니세프에 기부하자며
온 세상의 배가 부른 듯 가벼워 하고
천 냥 하우스에서
천 원짜리 양말을 고르면서도
알레르기를 세세히 살펴 개밥을 고르며
빛과 소리를
새초록 긴 가지의 화음처럼 들으려면
가슴에서 다리로 삶을 옮겨야 한다며
결혼기념일에
깨알 같은 삶을 수평질한다

마늘장아찌를 담그며

마늘을 좋아하는
내게,
장아찌 담그라며
어머니가 통마늘을 주셨다

큰 어깨에
작은 어깨가 나란히 붙어있는
것이
밥상에 둘러앉은 한 식구 같다

모깃불 푸른 저녁
거스르미 핀 손으로
짭조름한 마늘장아찌 밥숟가락에 얹어주던
모과빛 풍경들 살아난다

매운 맛 다스릴 옹기를 골라
초승달 같은 마늘을 담그며
긴 여름
웅녀의 사랑을 엿본다

쉰, 그즈음

어느 시인은 나이 오십을
화려한 뷔페상 위의 콩떡*이라고 했다
간신히 달고 온 오십 나이에
시를 배우겠다고 찾아든 시인학교에서
나는 비로소
내 일생을 바쳐야 할 일을 찾았다
현실이 꿈이 되어버린 시는
시를 쓰기에 앞서
먼저 사람이 되라는 스승의 말씀에
처음으로 나에게 말을 걸어본다
그리고 세상에서 가장 멋진,
한 편의 시가 되기 위하여
문文이 사람의 몸에 심장을 그려 넣은 것처럼
하늘과 바람과 별의 심장에
첫 노크를 한다

* '화려한 뷔페상 위의 콩떡' : 문정희의 「오십세」에서 인용함.

봄꽃

복수초, 얼레지, 노루귀,
봄까치꽃, 광대나물,
민들레, 제비꽃, 꽃마리, 냉이꽃,
꽃다지, 양지꽃, 꽃받이,
깽깽이풀, 꿩의바람꽃,
솜나물, 봄맞이,

쪼그려 앉아
나비눈으로 글을 쓰는
백일장입니다

이것이면 된다 *

명퇴를 한다고 하니
뭐 하고 살 거냐는 말이 맨 처음 들리더니
건강이 안 좋은가로 바뀌고
나중에는 빚이 많은가로 들렸다

그 즈음에,
하고 싶을 때 할 수 있다는 게 중요한 삶이 아니냐며
옆구리 감싸는 딸의 말 끝에
배추 고갱이처럼 웅크리고 있었다

살아온 걸 돌아보면
할 일이 없을 것 같기도 했으나
밑동이 발자국 같은 겨울들판을 거닐며**
맨살의 시는 쓸 수 있을 것 같았다

이것이면 된다

남김없이 비워 낸 겨울 들판에

무릎을 꿇어 절을 하고

나는,

결친 옷을 버리기로 하였다

* '이것이면 된다' : 김남조의 「눈의 행복」에서 인용.
** '겨울들판을 거닐며' : 허형만의 「겨울들판을 거닐며」에서 인용.

봄을 날다

잔기침 쿨럭거리는 굴참나무 아래
번데기처럼 오그라든 잎덤불,
무심코 툭 찼는데
고깔모자와 망토를 두른 광대꽃이
태초의 햇살에 얼굴을 부비며
곰살스럽게 웃는다
그리고는
목젖이 오롯한 벌통 속으로
출렁거리는 눈을 빨아들인다
첫눈에 반한다는 것이 이런 것일까?
아지랑이 꼬물꼬물
꽃 멀미 오르내리는 봄날
나는 온몸이 우화하며 꽃 속으로 날아간다

겨울밤

맨드라미 꽃잎 흐릿한 문 밖에
흰 눈이 떡갈잎 만하게 내리고
엷은 눈 졸고 있는 화롯불은
산수유 열매를 빠알갛게 끓이고 있다
지푸라기 한 섬 먹은 흙벽에 매달린,
시래기 같은 어머니
어머니는 첫날밤 은가락지를 달그락거리며
뚫어진 양말 가장자리를 도려낸다
동짓달 눈밭에 버려진 무 같은 양말을
느릅나무 무릎에 올려놓으시고
바람이 엉켜 우는 양말을 한 땀씩 기우신다
배꼽 연비하는 석불등잔이
바늘땀을 따라 어둠을 밀어내니
어머니 손은 오물오물 파문을 일으키며
양말 속에서 달걀 하나를 쑥 내민다
마른 옥수수 씨눈 닮은 아이는
어머니가 달걀을 낳았다고 생각한다
간질거리는 겨드랑이에 양말을 품고
여섯 살 먹은 아이는 밤새 날았다

나는 개밥그릇입니다

나의 주인은
똘만한 눈망울과
버선발로 귀를 쫑긋거리는
자그마한 강아지입니다

손바닥만 한 텃밭 상추처럼
서로 기대고 살아가는 사람들의 세세한 이야기와
개똥벌레 반짝이는
별빛 동심을 담고 있습니다

이빨 빠지고 찌그러지고
이유 없이 발로 채여
물 한 모금 없이
엎어져 나뒹굴 때도 많습니다

진열장에 우아하게 앉아
특별한 손님을 기다리는
이름 있고 빛이 부셔

눈길 끄는 그릇은 아니지만

때가 되면
어김없이 주인이 찾아오는 나는
온몸
반짝이며 주인을 기다리는 개밥그릇입니다

응달에서 햇살이

시퍼런 응달이 걸터앉은 담벼락에
어깨를 맞대고
추위를 나누는 쓰레기통이 서있다
가끔 떠돌이 먼지가 쉬고 있어
가만히 들여다보니
창문도 없고
문고리도 없는 단칸방이다
종종거리는 호기심으로
막힌 귀를 세우니
깨지고 찌그러지고 닳고 구겨진 상처들이
봄비에 돋는 잎차례처럼
귀를 맞추는 화음이 들리고,
고양이 나비수염 같은 햇살이 날아오른다
나는 한 뼘 바깥이라 여겼던
흐린 안경을 닦으며
한사코 한쪽으로만 귀 틀어진 마음의 터를
온몸 손이 되어, 짚어본다

| 제3부 |

도돌이표

고들빼기

5일장을 나갔는데
손톱 밑을 까맣게 물들이던 고들빼기
값도 묻지 않고
만 원을 얼른 놓고 사가지고
고추장과 식초로 묻혀
펼쳐놓은 점심상
혀에서 피어나는 쓴맛이
손톱에 묻은,
유년을 쌉쌀하게 깨운다

혼잣말

카톡으로 날아온 단풍나무 숲길을 봅니다

그 길을 걸으며
어떤 이는 바스락 소리를 듣고
어떤 이는 쓸쓸함을 보고
또 어떤 이는 비움을 말하겠지요

식구들이 빠져나간 휼쭉한 집에서
터진 풍선처럼 앉아 있다
발끝을 노크하는 햇빛에 놀라
습관처럼 커피물을 올려놓습니다

물이 끓어오르는 소리를 들으며
단풍나무 길에 귀를 묻으니
바스락거림이, 쓸쓸함이, 비움이,
생의 잎맥인 줄을 알 것도 같습니다

고독의 온도를 내린 커피를 마시며

나이 들수록 가뭇한
내 몸의 이름을 읊조립니다
밉고도 사랑스런 이름 석 자가 단풍처럼 눕습니다

당신이 죽음이거든

당신이 죽음이거든
잎 하나 흔들리지 않는 바람처럼
실핏줄 마르는 외로운 사랑처럼 오십시오
밤을 앓는 아버지의 마른기침도
눈물의 습지를 흐르는 어머니의 한숨도
당신을 더 이상 밀어내지 않습니다
정녕,
당신이 내게 와 다시 살아갈 죽음이라면
나는 당신을 어린 시절의 꿈처럼 꼭 안겠습니다
그날이 오면
바람은 사랑으로 사랑은 바람으로
그렇게, 그렇게, 모여 살겠지요

바람은,

바람은 최초의 말
문자가 없는
우주의 옹알이다

단무지

체중이 4kg 넘게 태어난 그 아이
맞는 돌 복이 없어
사진관을 두 번이나 갔다
어린이날에도 산을 올라
학원이 없는 대신
산이 없으면 하며 종종거리던 그 아이
노을마저 산에 묻힌 늦가을에
길마저 맥이 흩어지는데
노란 달을 보고 짜장면을 먹고 싶다 한다
무지개 슈퍼가 무지개를 파는
가게인 줄 알고 달려가다가
무릎이 깨져 상처가 도톰하게 있는 그 아이
동지섣달 야간 경비하면서
오르내리는 달을 보고
지금도 단무지라 할까?

냉동생선

바다 속 푸른 힘줄,

툭툭 끊어진지 사흘이 지났습니다

부석 된 몸뚱어리

소신공양 하려고

서리서리 서리꽃 피웁니다

도돌이표

짠 내음이 묻어나는 길을 따라
짱뚱어 자맥질하는 와온*으로 간다
나란한 옆에는
유채꽃처럼 노랗게 딸이 앉아있다
라디오에선 세월호로
지켜주지 못해서 미안하다는 도돌이표 울림이
낯선 진혼곡으로 번지고
오랫동안 앓아온 안구건조증에도 뿌옇게 맺는다
마른비늘 같은 눈물을 밀어내며
스쿨 존을 지나는데
발이 고장난 듯 속도를 늦출 줄 모른다
"이런 것도 지키지 못하면서 뭔 눈물이야?"
딸의 세모눈에
놀란 칠게 마냥 뽈뽈뽈 게 구멍 찾는다

* 와온 : 순천시 해룡면 해변.

담쟁이

땅벌이
땡볕에 쏘인 듯 따가운 날
담쟁이
한 뼘씩 기어오른다

빛과 소리가
달팽이처럼 말려 들어간
산소 결핍증 앓는 요양병원에
한 줌의 햇살과
한 점의 바람 머무르라고

한 잎 한 잎
벽이며
기둥이며
지붕이며 굴뚝까지
나비 떼로 오른다

2월

한쪽 귀가 떨어져
모자란 듯
겨울도
봄도 아니지만

두꺼운 외투 벗고
은빛 시간 풀리는 길을 걷노라면
눈을 떴다 감았다 하는 흙이
신발바닥에 달라붙는다

흙발로
겨울일까,
봄일까,
쉼표로 기우뚱거리는 2월은

듬성듬성 옮겨다니는
초록 햇살로
발 저린 뿌리와
등이 간지러운 애벌레를 긁어준다

대파

몇 개의 구멍을 뚫으면
피리가 될 것 같은 대파를 썬다
동그랗게 썰어지는 것이 어머니 눈망울이다

손을 살짝 대어보니
닦을 수 없는 눈물이 묻는다
닦을 수 없는 눈물이
닦을 수 있는 내 눈으로 번진다
닦을 수 없는 눈물이
닦을 수 있는 눈물을 업고 흐른다

대파를 썰 때면
행주처럼 쭈그려 앉은 어머니 생각에
눈이 시퍼렇게 젖는다

자작나무의 연가

당신이
세상에서 혼자라고
외로움에 떨 때
작은 잎 다 떨구어
장작불이 되고,

슬픔의 골이
칼바람의 시름으로
시리게 깊어 가면
켜켜이 둘러싸인 껍질을 벗겨
사랑의 기름으로 타리

온갖 풍진의 마름으로
갈증이 일면
내 뿌리의 수액을
모두 뽑아
당신의 가난과 함께 하며

그리고
남은 것이 있다면
목숨 다한 후에
뼈 마디마디 구멍을 내어
당신의 피리가 되리라

오늘 날씨

햇살이 빛나다
비가 내리다
바람이 흐르다
눈이 흩날리네

어르고
몰아치고 감싸고
온통 몸을 바꾸시며
하늘과 땅을 맞닿아 도시네

천지분간 하려 눈곱 비비는 나는
옷걸이처럼 목 빼고
상형문자 같은 날씨를 중얼거리네

신록

햇살도 눈이 부셔
쨍 부서지는
배냇머리 연록 이파리
졸졸
젖 냄새 나는 잎맥 따라
걷는 오월
눈멀어도 좋겠다

손끝

개망초처럼 하얀 할머니가
천변 둑방에 앉아
한 움큼 꺾은 개망초 잔가지를 다듬는다
며칠 전 개 혓바닥처럼 늘어난 햇살을 감고
아파트 단지에 늘어선
화분의 잡초를 뽑던 할머니다
낮달이 달그락거리는 손가락을 보니
저 손끝은
햇살이고 바람이고 빗방울이다
칠월 들판에 부질없이 피는 개망초도
할머니의 손끝에서는
개똥벌레 흐르는 여름밤에
하얀 잔별로 떠오를 것 같다

신빌

저는 발과 입맞춤합니다
한 번 입 맞추면
산길, 물길, 꽃길을
한 몸으로 붙어다닙니다

땀이 차오르면
입을 떼고
뭉쳐진 숨을 풀 때마다
푸른 바람이었으면 하는 바람입니다

잘 맞지 않을 때
뒤꿈치를 물고
물집도 내며
발갛게 부어오른 쓰라림을 주기도 합니다만

그믐달처럼 닳아지는 바닥을 보면서 더 낮아집니다

누군가 내게 물어오면

누군가 내게
달을
본 적 있냐고 물어오면
그저
깜깜했노라고 말하리라

누군가 내게
그 후
사랑이 어떻게 되었냐고 물어오면
몇 겁의 인연도
물안개가 되더라고 말하리라

누군가 내게
사는 게 무엇이냐고 물어오면
달도
사랑도
내겐 과분한 선물이었다고 말하리라

| 제4부 |

개똥참외

홍혜롱*

이빨자국 붉은,
한 뼘의 가슴을 쓸어낸
쓰레기 비지를 보니
뜯긴 살점들이 비듬처럼 말라있다
혹시나 싶어
콧김을 킁킁 불어 넣었더니
웅얼거리며 쏠려나는 것이
실핏줄 오그라든 벌레껍질이다
어젯밤에
방안 가득 초파리가 날려
비문증인 줄 알고 병원에 갔는데
알고 보니
홍혜롱 하며
자기 살을 뜯어먹는 벌레라 한다

* 홍혜롱 : 겉으로는 홍홍하지만 속으로는 헤롱헤롱 하는 심리로 뒷담화를 말함.

진짜 달

남편은
원을 좋아하는 수학선생이네

한 줄 두 줄 시를 읽더니
꽃 떨어진 내 가슴에
컴퍼스 발을 올려놓고,

하나밖에 없는 달이라며
푸르딩딩한 원을 그려놓네

먼 하늘의 달만 쳐다보다
무심히 고개를 내려보니
몽고반점 같은 원이,

열두 달
나를 밝히는 진짜 달이네

개똥참외

달걀귀신이 나온다는 뒷간, 길섶사이로 초승달처럼 얼굴을 내민 개똥참외 하나

개똥에서 나왔다며 코를 움켜쥐지만 뒤로 물러난 가슴엔 눈깔사탕으로 달달하게 굴러다녔지

아침 이슬 함초롬한 잎을 열면 쪼그려 앉은 개똥참외

딸까, 말까,

맛

단맛, 짠맛, 쓴맛, 신맛이
두레상처럼 어우러진
밥맛
그래도
죽을 맛
살맛 하며
벌집 만들어가는 세상맛이
진짜 맛인가 봐

산사의 오후
—금둔사에서

손으로 꾹 짜면
초록물이 흐를 것 같은 길을
긴 더듬이로 뻗어 오른다
고령으로 고사하는 가지를 옮겨 심었다는
납월홍매의 꽃자리는 없는 듯 사라졌지만
세세한 잎새 사이로 풍경소리 숨바꼭질 하고
연산홍은 소신공양으로 불타오른다
두 손바닥을 모으고 돌아서는데
목구멍보다 더 큰 걸 삼키는 소리를 내며
목어가 가슴으로 들어온다
목줄을 뜯으며 흐르는 소리가
오목가슴에 꽃을 피우는
낮잠 주무시던 부처님이 슬며시 눈뜨는
산사의 오후

푸른 감 하나

마음에 감접*으로 붙어
갈래 갈래질 하고
입안으로 감쪽같이 숨는 혀에게
푸른 감 하나 물리고 싶다

* 감접 : 감나무 가지를 다른 나뭇가지에 접붙이는 일.

고흐, 삼나무 길을 보며

한 통의 전화가 왔다. 십 오륙년 전 읍내 고등학교에 근무할 때 소독 냄새 키우며 혼자 사는 마흔의 여자였다. 혼자도 불편하여 사금파리 모를 세운 그 여자. 온몸 보푸라기 일어난 그 여자에게는 분홍이라든가 노랑이라 불리는 색이 없었다. 검은 초록으로 비대해져 가는 게 마지막 모습이었는데 스물네 가지 물감통*을 가지고 산사로 오른다고 한다. 먼 길 돌아온 물이 나래 접고 쉬는 목소리다. 전족 같은 초록에 베었을 그 여자의 도톰하게 오른 살에서 나는 검은 초록이 물결치며 분홍이 반짝이는 노랑빛 광채 단청丹青의 그 여자를 생각한다.

* 스물네 가지 물감 통 : 단청물감의 개수.

달력

육십갑자, 빨간 날, 주말,
생일, 명절, 제사, 절기
그리고 D-day,

기다림, 그리움, 인연,
여백, 망각, 약속
기도, 여행, 차 한 잔,

열두 가지에
가랑잎 붙어있는
너는

삼 백예순 날
잎 떨 구어
내 나이 한 살 더 먹이고

가랑잎 한 장 쌓이지 않는
너는
언제나 돌맞이 한 살이다

선링

잣눈이 가부좌한 나무에
새 한 마리

날쌘 부리로
가지 끝 사리舍利 뽑아

매화
등걸에 얹네

화장지

마주 손잡은 하늘과 땅은
어머니의 자궁 속이었습니다
꽃은 꽃처럼 새는 새처럼
둥글게 모여 살았으니까요

빗살무늬 빛나던 뼈와 살
곡절 없이 출렁거리더니
푸른 향기 마디마디 끊어지는
일회용 살이가 되었습니다

그래도 둥근 인생살이
간간히 조금씩 풀어주세요
내 땀, 내 슬픔은 정작 닦지 못하는
둥근 바보로 살아가지만

칭칭 감긴 몸 풀려
차갑고 뜨거운 눈물 닦아주려고
수행자처럼
겹겹 몸을 말고 있습니다

냉이꽃

어머니 호미질 하는 밭고랑에
싸라기로 핀 꽃
주걱 같은 잎이
두레상처럼 펼쳐있네

뻐꾸기 울음이
쌀뜨물로 뿌옇게 가라앉는
저물녘
멀건 한 술이라도 되었으면

여름 끝 이야기

세모시 끝자락에 걸린 바람
손톱으로
툭
치면
팽팽한 줄이 끊어질 듯 아슬한
한낮
굴참나무 매미 울음도 잃고
싸리 울타리에 앉아있는 잠자리
벌써 빨갛다

상마

골무 같은 참깨 꽃에 손가락만한 깻망아지가 꿈틀거리면 장맛비가 내린다 고무신으로 물고기 잡던 개울이 황토빛으로 마을을 감돌면 나는 덕쇠 아저씨를 졸라 용이 불을 뿜는 것 같은 물가로 간다 장화만 한 덕쇠 아저씨가 족대를 물속에 넣고 발로 꾹꾹 누르면 미꾸라지, 송사리, 피라미들이 검은 그물을 은빛으로 출렁거린다 비가 와도 피어있는 달맞이꽃을 콧김으로 건드리며 비릿한 망태기로 대문을 들어가면 아버지는 대청마루에 볏잎처럼 서계셨으나 무어라 말은 하지 않으신다

납작 엎드린 하늘에서 시커먼 말발굽소리가 들려온다 아버지는 어머니에게 저녁을 빨리 지으라는 한마디만 하신다 숟가락 소리도 숨죽이는 저녁을 먹고 여윈 잠을 자는데 아버지의 번개 같은 몸놀림으로 내 몸은 빗속을 날아간다 반짝이는 물빛에 눈을 떠보니 산 같은 아버지 품이다 그날 밤 덕쇠 아저씨와 물고기를 잡던 개울물이 둑방을 물고 마을로 무너졌다

내 유년의 장마는 늘 새집과 새살림을 원했다

둑방길

풋풋히 살이 오른
봄비가
베게 밑 사이로 수놓은 둑방길
물새 앉은 버드나무의 잎새는
봄까치꽃 아지랑이 콕콕 물어오고
빗방울에 들어앉은 햇살
작고 빨긋빨긋한 발가락 내민,
소리쟁이* 발등 녹인다
저기 저 실바람 앞세우고
부채치마 살랑거리는 부풀은 처녀
곧 나비로 날아오를 것 같다

* 소리쟁이 : 마디풀과의 여러 해살이 풀로 들의 습지나 물가에 많이 난다. 소루쟁이라고도 한다.

상처

잠시만 봐달라는 부탁으로
마지못해 맡아버린 두 번째 주인도
냄새 나서 키울 수 없다는
강아지 한 마리를 데리고 왔다
좁쌀만 한 눈곱이 엉겨붙은 눈은
햇살이 거미줄 타는 맨홀이었고
마른 솔가지 같은 꼬리는
등껍질 벗겨진 벌레로 엉덩이에 붙어있었다
시간에 맞추어 밥을 주며
이름을 불러 준 지 오래되었지만
어쩌다 손이 닿을라치면,
불에 댄 듯 벌겋게 털을 세운다
살이 돋지 않는 상처란 저런 것인가
꼬리를 물고 있는 웅크린 등을 볼 때마다
감자 싹처럼 눈뜨고 있는 나의 상처는
엄살과 비명뿐인
과분한 사치였음을 생각한다

귀울림

귓병으로 소리가 사라져
풀꽃, 그림자, 강아지와 놀고 있으니
소리 하나가
함께 놀자고 들어와 앉는다
음정과 박자를 잃지 않고
일정 마디를 도돌이표로 울리는 북소리는
오늘도
천지간을 떠도는 소리 모이라고
둥, 둥, 둥,
북을 울린다

해설

말하는 언어와 응답의 사이

—최서연의 시세계

허형만 | 시인

하이데거는 「언어」라는 제목으로 1950년 10월 독일 시인이요 문예학 교수인 막스 코메렐(1902~1944)을 기리는 강연을 했다. 이 강연에서 하이데거는 게오르크 트라클이 쓴 시 「겨울날 저녁」을 예로 들면서 "시 한 편을 제대로 썼기에 시인의 사람됨이라든가 이름을 부인할 수 있을 만큼 되어야만 제대로 쓴 시의 참된 값어치가 빛난다."고 강조했다. 하이데거는 이 작품을 통해 "시인은 시를 쓰는 가운데 자기의 현존에서 있음직한 현존하는 것을 눈앞에 뚜렷하게 내보이게 된다."는 점을 역설한 셈인데, 이는 곧 시가 인간이 말하는 게 아니라 언어가 말하고 있음을 살피지 않으면 안 된다는 것이다. 하이데거는 이 강연의 마지막에 "언어는 말한다. 언어에 응답할 때라야만 인간은 제대로 말한다고 할 수 있다. 응답한다 함은 듣는다는 뜻이다. 응답한다는 것은 고요가 오라고 부르며 이르는 말을 듣고 이를 따를 때라야만 제대로 듣는다고 할 수 있다. […] 언어는 말한다. 언어가 말한다고 하는 것은 말한 내용 가운데서 말한다는 뜻이다. 우리를 찾아서 말이다." 인간이 아닌 언어가 말한다는 주체성과 독립성을 강조한 것으로 보이는 하이데거의 말은 우리 시인들이 시 창작에 있어 얼마나 객관화되어야 하는가를 사유하게 한 셈이다. 최서연의 첫 시집 『물은 맨살로 흐른다』를 관통하는 시적 사유는 바로 하이데거가 살폈던 이 '언어란 무엇인가'에 닿아 있다.

꽃나무가 쪼그려 앉은
돌담 밑에
꽃송이 몇 개가 헌 신발처럼 뒹굴고 있다
코와 입이 찢어진 빨간 고무신짝 같다
나를 아는 듯
봄날의 소꿉놀이를 기억하냐며 빤히 쳐다본다
옹알이처럼 아련하고 애틋한 몸짓에
순간 나는 몸이 달아오르는 걸 느낀다
검지를 입술에 물고 있는 것 같은
어쩌면 나의 체온이 맞을 것 같은 헌 신발에
꽃밥과 조약돌을 올려놓고

조막조막 늘어나는 설렘을 한 상 차린다

—「꽃송이 몇 개가」 전문

이 시에서 존재들은 모두 화자로부터 객관화되어 있다. 마치 랭보가 "나는 타자다"라고 말한 것처럼. 돌담이 있고, 돌담 밑에 꽃나무가 있고, 꽃나무 밑에 "꽃송이 몇 개"가 마치 헌 고무신짝처럼 뒹굴고 있다. 이 층위구조의 구성은 순진히 인간(시인)이 아니라 자연(언어)이 만든 것으로 나타난다. 지금, 이 자리의 "꽃송이 몇 개"는 시인의 유년의 흔적 중 일부이다. 미적 지각이 팽팽하게 긴장감을 물고 늘어지면서 과거/현재를 한 무더기로 "헌 신발처럼 뒹굴"게 만든다. 그러나 뒹구는 존재는 시인의 자아이다. "나를 아는 듯" "빤히 쳐다보"는 "아련하고 애틋한 몸짓"은 시인의 자아가 또 다른 자아를 향하는 객관화된 시선이다. 이 객관화된 시선은 곧 자아와 자아, 자아와 우주적 교류라는 장치를 통해 최서연 시인이 사물을 재발견하는 힘으로 작동한다. 그리하여 마침내 후반부 "검지를 입술에 물고 있는 것 같은 /어쩌면 나의 체온이 맞을 것 같은 헌 신발에/꽃밥과 조약돌을 올려놓고/조막조막 늘어나는 설렘을 한 상 차린다"를 끌어내기에 성공한다. 한편, 우리가 눈여겨 볼 부분은 이 시의 중간에 자리한, "순간 나는 몸이 달아오르는 걸 느낀다"이다. 시의 층위구조상 전반부와 후반부의 시적 객관화

사이에 시인의 목소리, 즉 주체화가 마치 위아래를 가르는 강물처럼 흐르게 한 것. 물론 "순간 나는 몸이 달아오르는 걸 느낀다"는 이 구절은 최하림 시인의 「독신의 아침」에서 인용했다고 밝히고 있다. 최하림 시인은 「독신의 아침」에 혼자 옥수수빵으로 아침을 때우고, 마루를 닦고, 책들을 치우고, 의자를 옮기고, 쓰레기통을 비운 뒤 구석구석 물걸레질을 한다. 이때, 현관으로 햇빛이 들어오고, 바람이 산 밑으로 쏠리고, 철새들이 "이해할 수 없는 소리"로 가는 것을 보는 순간 "나는 몸이 달아오르는 걸 본다"고 나지막하게 말한다. 마치 그의 특징처럼 파동을 일으키면서. 최하림 시인의 이 낮은 언어의 파동은 최서연 시인에게 전이되어 순수한 시의 세계를 이루는데 일조를 하고 있음을 발견한다. 최서연 시인이 「물은 맨살로 흐른다」고 말할 때 시의 순수성은 참으로 그 빛을 발하는 것이다.

맨살로 흘러가는 물을 본다

돌부리에 부딪혀도
물방개가 장구치고 풀뿌리가 발을 걸어
온몸 상처투성이어도

가까운 곳이든
먼 곳이든

어디로 가든
말이 없다

흘러온 모든 것을 안고 있으면서
또한 내려놓은
그리고
나뭇잎 하나 걸어놓지 않는
묵묵한 영혼을 보며

하루의 지친 발을 담근다

―「물은 맨살로 흐른다」 전문

"시가 지니는 의미는, 그 시의 작자가 품고 있는 의미와 동일한 만큼 딴 사람에 대해서도 전달되어야 한다." 엘리어트의 말이다. 최서연 시인이 "맨살로 흘러가는 물을 본다"고 했을 때 그 "물"은 분명 정지된 상태가 아니라 "흘러가는" 물을 "본다"고 강조하고 있다. 그런 결과 엘리어트의 말대로 시인과 독자는 '지금, 함께' 물을 보는 현상에 동참함으로써 물이 갖는 의미를 깨닫게 하는 절대적인 힘을 낳는다. 여기에서 절대적인 힘은 무엇을 말하는가. 그것은 바로 생명력이다. 이 시에서 하이데거가 말한 "언어는 말한다"고 했을 때의 그 말은 곧 생명력을 말한다는 사실을 독자는 금방 눈치 챌 것이다. 그러나 우리가 이 시를 올바로 이해하면서 함께 "본다"에 동참하는데 간과해서는 안 될 것이 바로 노자의 '상선약수上善若水'이다. 노자는 "최고의 선은 물과 같다"고 했다. "물은 상선이라서 온갖 만물을 이롭게 하면서 공을 다투지 않고 많은 사람들이 싫어하는 곳에서도 머문다[水善利萬物 而不爭 處衆人之所惡]". 물이 흐르되 "맨살로" 흐르는 이유가 바로 여기에 있다. 자기를 비우고 남을 이롭게 하기 위함이다. 시인은 참으로 맑은 심성으로 말한다.

> 돌부리에 부딪혀도/물방개가 장구치고 풀뿌리가 발을 걸어/온몸 상처투성이어도
>
> 가까운 곳이든/먼 곳이든/어디로 가든/말이 없다
>
> 흘러온 모든 것을 안고 있으면서/또한 내려놓은/그리고/나뭇잎 하나 걸어놓지 않는

맨살로 흐르는 물을 보면서 동시에 "묵묵한 영혼"도 함께 본다고 말한다. 그렇다면 여기에서 "묵묵한 영혼"은 무엇을 상징하는가. 그것은 아마도 '텅 비움', 또는 '집착하지 않음' 나아가 '허물이 없음'[無尤] 바로 그 자체일 터이다. 그걸 안 다음에야, 비로소 "하루의 지친 발을 담근다". 다시 말해 최서연 시인이 품고 있는 순수, "시는 창조하는 혼 안에 절대적인 순수와 빛을 가지지 않으면 안 된다"던 말라르메

의 말처럼, 절대적인 순수가 우리로 하여금 이 시에 함께 동참케 하는 것이다.

5천4백 년 전 나일강
게벨레인 사막 모래에 묻혀있던 미라가
대영박물관에 누워있다
실핏줄 오그라든 주먹만 한 몸뚱이에
성냥개비 같은 두 팔과 다리는
자궁 속을 출렁거리는 아이였다
주먹을 빠는
빨긋한 그를 보노라니
죽음은,
어머니의 생명을 기억하고 있구나
라고
눈빛이 떨리는 순간
내 몸 어딘가에
푸른 탯줄이 회오리바람 불러
모래알에 묻힌
미라가 빤히 눈을 뜨고 있다

—「배꼽」 전문

최서연 시인의 절대순수 시 의식은 대영박물관에서 만난 미라를 통해서도 빛나 보인다. "5천4백 년 전 나일강/게벨레인 사막 모래에 묻혀있던 미라"가 그 오랜 시간을 지내오면서도 "어머니의 생명을 기억하고 있"는 "자궁 속을 출렁거리는 아이"로 다시 탄생할 수 있는 것은 존 홀 휠록이 말한 것처럼 오직 시인의 '깨어있는 수용의 상태watchful passivity'에 의한 것이다. 이 '깨어 있는 수용의 상태'에 대해 휠록의 저서를 번역한 박병희 교수는 마치 잔잔한 호수의 수면에 주위의 풍경이 비치는 것처럼 외부로부터 감각 인상을 받아들일 수 있는 마음의 상태를 의미한다고 설명한 바 있는데, 최서연 시인이 바로 이 상태의 발견자로서 직무를 충실하게 수행하고 있음을 본다. 시인은 미라를 통해 느낀, 수용한, 나아가 발견한, 그 결과에 대해 "눈빛"이 떨렸다고 고백한다. "눈빛이 떨리는 순간", 시인에게 변화가 감지된다. 그것은 "내 몸 어딘가에/푸른 탯줄이 회오리바람 불러"오는 것. 다시 말해 "회오리바람" 같은 강렬한 의식이 저 깊은 심연에서 용솟음친 것. "푸른 탯줄"과 "회오리바람"이 거대한 물체처럼 한 몸이 되어 온 의식을 강타해오는 것. 이때 시인의 발견은 미라가 "빤히 눈을 뜨고 있"는 모습을 극적으로 만난다. 꽃송이 몇 개가 헌 신발처럼 뒹굴고 있는 것을 만나고, 맨살로 흐르고 있는 물을 만나고, 마침내 모래알을 탈탈 털어내고 빤히 눈을 뜨고 시인과 눈을 마주치고 있는 미라를 만나고, "잣눈이 가부좌한 나무에//날쌘 부리로/가지 끝 사리舍利 뽑아//매화/등걸에 얹"(「전령」)는 새 한 마리를 만나는 모든 것이 다 최서연 시인을 시인답게 만든,

'사색'과 '관계'의 결과임을 알 수 있겠다. 우리 시대의 스승으로 평가받는 고故 신영복 교수가 주장하는 "나는 관계다"를 떠올리게 하는 것과 같은 의미심장한 깨달음이 또한 최서연 시인에게 있음을 어찌 할까.

북극을 가리키는 나침반은
무엇이 두려워
힝싱
가는 바늘 끝을 떨고 있을까?

어릴 적 연필그림 같은 지도 위에
나침반을 처음 만났을 때
떨고 있는 나침반은
가슴마저 멈출 줄 몰랐다

세월이 흐르고
세상의 때로 찌들어갈 무렵
가는 바늘의
불안전한 전율은 흔들리는 나이테였다

나침반이 떨림을 안 수 있는 나이 쯤
바늘 끝을 비껴선 동과 서를 바라보는
너를 향한 떨림으로
나의 모자람을 채우고 싶다

—「나침반」 전문

나침반은 자석의 성질을 이용하여 지구 위에서의 방위를 알아내는데 사용하는 기구로, 자기 또는 회전의의 원리에 의해 태양이나 별의 방향을 정함으로써 작동한다. 나침의 또는 컴퍼스라고 불리는 나침반은 비행이나 항해, 등산, 건축, 군사적 목적 등 다양하게 사용되고 있다. 나침반이 우리 시 작품에서 쓰인 예는 거의 없다. 최서연 시인이 "북극을 가리키는 나침반"에 대해 관심을 갖는 부분은 "무엇이 두려워/항상/가는 바늘 끝을 떨고 있을까?"에 있다. 원래 나침반의 자침이 가리키는 방향은 지구의 남북극과는 정확하게 일치하지 않는다. 그러나 세계 각지에서 나침반의 지침이 가리키는 방향은 정밀하게 측정되어 있으므로, 남북을 정확하게 알 수 있다고 한다. 시인이 관심을 갖는 것은 이러한 나침반의 용도를 모르는 게 아니라 "항상/가는 바늘 끝을 떨고" 있는, 존재성 내지는 두려운 그 "무엇"의 심리상태에 있다. 어릴 적 처음 보았을 때의 나침반은 "가슴마저 멈춘 줄 몰랐"다가 세월이 흐른 뒤에는 "가는 바늘의/불안전한 전율은 흔들리는 나이테"였음을 알았다. 그리고 "나침반의 떨림을 알 수 있는 나이"가 되어서야 "바늘 끝을 비껴선 동과 서를 바라보는/너를 향한 떨림"을 깨닫기에 이른다. 결국 이 시는 최서연 시인이 깨달은 삶의 수레바퀴인 셈이다. 앞서 소개한 신영복 교수는 떨고 있는 지남철의 여윈 바늘을 항상 전율하고 고민하는 지식인, 그것도 개인이 아닌 집단적 지성으로 보았다. 그리하여 떨리는 지남철을 다음과 같이 나타냈다.

> 북극을 가리키는 지남철은 무엇이 두려운지
> 항상 그 바늘 끝을 떨고 있다.
> 여윈 바늘 끝이 떨고 있는 한 그 지남철은
> 자기에게 지니워진 사명을 완수하려는 의사를
> 잊지 않고 있음이 분명하며
> 바늘이 가리키는 방향을 믿어서 좋다.
> 만일 그 바늘 끝이 불안스러워 보이는 전율을 멈추고
> 어느 한 쪽에 고정될 때
> 우리는 그것을 버려야 한다.
> 이미 지남철이 아니기 때문이다.
>
> —신영복, 『담론談論』, 돌베개, 2015

참된 지식인을 갈망하는 신영복 교수의 생각과 최서연 시인의 생각이 한사코 같을 수는 없다 해도 나침반을 두고 "너를 향한 떨림으로/나의 모자람을 채우고 싶다"는 최서연 시인의 깨달음과 명상은 그것이 사랑이든 삶이든 참으로 뛰어난 시적 상상력과 언어의 작용이 아닐 수 없다.

> 먹물이 종이에 스며드는
> 발묵潑墨은
> 번짐이다

낯선 골목,
밥 끓는 냄새에
두레밥상이 생각나는 것도 번짐이다

하여,
내 나팔꽃 지는 저녁이
네 귀를 즐겁게 하는
나팔소리로 울려오고

강물이 흐르면서
더 푸르게 깊어지는 것처럼
네 봄이
청보리 물결치며 내 여름으로 익어가는
삶도 번짐이다

—「번짐이다」 전문

한 편의 시가 일깨워주는 자각, 즉 까맣게 잊어버리고 있었던 사실의 재경험은, 일단 얻고 나면 결국 큰 이득이 된다. 그러기에 존 홀 휠록은 '시에 대한 저항'을 설명하는 과정에 "시를 읽고 이러한 자각 또는 재경험을 할 때 독자의 의식이 높고 넓게 확장된다. 의식의 확장은 통찰력과 성취의 기쁨을 준다."고 말한다. 최서연 시인이 꿰뚫어 보여주는 '번짐'의 통찰과 성취는 우리의 삶이 안일하거나 평탄할 때는 못

느끼는 그 어떤 능력에 속한다. 우리말 '번짐'에는 세 가지의 해석이 가능하다. 첫째는 액체나 독기의 묻은 자리가 퍼져서 넓어지다(1연), 둘째는 그 자리에 있지 않고 다른 곳으로 옮아가다. 넓은 범위에 미치다. 퍼지다(2연), 셋째는 작은 일이 크게 벌어져 나가다(3, 4연) 등이다. 이러한 사전적인 해석을 전제로 최서연 시인의 '번짐'의 미학에 접근해보면 그 '번짐'의 용량이 결여도 과잉도 아닌, 아주 적절한 새로운 인식이자 새로운 자각이다. 이러한 자각과 재경험이 점점 넓게 확장되는 의식으로 하여 우리는 "발묵潑墨"만 번짐이 아니고, "냄새"만 번짐이 아니고, 결국 "삶" 자체가 번짐이라는 깨달음에 도달한다. 이 깨달음은 "밑동이 발자국 같은 겨울 들판을 거닐며/맨살의 시는 쓸 수 있을 것 같"(「이것이면 된다」)고, "한 편의 시가 되기 위하여/문文이 사람의 몸에 심장을 그려 넣은 것처럼/하늘과 바람과 별과 심장에/첫 노크를"(「쉰, 그즈음」) 하기에 이르는, 파급과 확장과 교류라는 정서적 충격효과를 불러온다. 왜 그럴까? 그 이유는 하이데거가 지적한 것처럼 '언어가 말하기' 때문이다. 언제나 새롭게 드러내 보여주는 정신이야말로 "바람은 최초의 말"(「바람은」)임을 알아들을 수 있다. J.-P. 리샤르가 보들레르의 시를 분석하면서 "보들레르의 상념이 파고들려고 하는 곳은 사물들의 깊이 자체 속으로이다."라고 말한 바 있듯, 각 사물들 속에서 보들레르의 상념이 근원이나 최초의 불꽃,

또는 최초의 시선이라고 한다면, 최서연 시인의 상념 또한 이와 크게 다르지 않음을 발견할 수 있을 터이다. 이 말은 곧 감각의 교감을 의미하는 것으로, 말하는 언어에 응답하는 우주적 상상력이다. 이즈음 우리는 최서연 시인의 "천기 품은 무현금"(「처서 며칠 지나」)을 들을 수 있으리. "낮잠 주무시던 부처님이 슬며시"(「산사의 오후」) 눈 뜨는 모습도 볼 수 있으리. 첫 시집을 축하하는 이유 또한 여기에 있지 않는가. 진심으로 뜨거운 박수를 보낸다.